AF562803

WATERLOO

Paris. — Imp. P.-A. Bourdier et Cie, rue Mazarine, 30.

WATERLOO

PAR

LOUIS VEUILLOT

PARIS
GAUME FRÈRES ET J. DUPREY, ÉDITEURS
RUE CASSETTE, 4

1861

WATERLOO

I

A Vienne, en 1815, les nations immédiatement victorieuses étaient protestantes. L'Angleterre et la Prusse venaient de triompher à Waterloo, la Russie poursuivait encore quelques débris de la grande armée épars dans ses déserts. Ces trois puissances absorbaient la Hollande, le Hanovre, la Suède et les États protestants de la Confédération germanique ; elles dominaient dans le Congrès, unies par le principe premier du Protestantisme, qui est d'humilier la religion catholique. La haine de la religion catholique est le dogme commun des sectes protestantes ; cette haine les inspire encore lorsqu'elles ne l'avouent pas, et même lorsqu'elles ne le savent pas.

Le but, ou si l'on veut, l'inspiration de la Sainte-Alliance fut d'humilier la religion catholique. Hélas ! les nations catholiques ne songeaient guère à défendre leur religion, et à cause de cet oubli elles ne surent pas se défendre elles-mêmes ! C'étaient l'Autriche, l'Espagne et les Deux-Siciles, ayant autour d'elles la Bavière, le Portugal, les principautés italiennes, etc., toutes catholiques, mais atteintes du venin janséniste et voltairien, représentées par des hommes d'État qui avaient la plupart étrangement oublié les bienfaits de la vraie Église de Jésus-Christ. Et la grande nation catholique, la France, plus oublieuse que les autres, paraissait dans cette assemblée des puissances à titre de vaincue, pour être mutilée, enchaînée et châtiée. Le plénipotentiaire de la France au congrès de Vienne, le ministre du roi Très-Chrétien était un évêque apostat.

Mais il n'y avait pas moins en présence et en hostilité deux principes, le *protestant* et le *catholique;* et l'ignorance où l'on pouvait être de cet antagonisme n'empêcha point le principe victorieux, c'est-à-dire le principe protestant, de régler les parts.

Officiellement, il s'agissait d'organiser l'Europe pour la paix. Une des premières mesures fut d'affaiblir la France, de la faire rentrer dans ses limites anciennes et de créer le royaume des Pays-Bas.

On ne s'occupa ni de la configuration matérielle du sol, ni de la conformation morale des peuples. La sagesse et la bonté de Dieu s'abaissent à de tels soucis ! Sur la surface du globe, Dieu a formé des demeures pour les peuples et circonscrit des apanages pour les diverses branches de la postérité d'Adam. Les frontières qu'il leur a données sont les chaînes de montagnes, les grands fleuves, les mers. Là dedans il a mis des hommes qui parlent la même langue ou du moins des dialectes dérivés de la même source. Il a donné à ces hommes les mêmes penchants, les mêmes passions, les mêmes aptitudes, les traits de famille, enfin; de telle sorte que la vie et l'œuvre communes leur devinssent plus faciles et que chaque peuple demeurant *un* pût accomplir avec plus d'énergie sa mission particulière, et en même temps conservât dans sa nationalité, comme dans une forteresse, ou une partie ou la somme des doctrines qui constituent le patrimoine divin de l'humanité. C'est avec ce respect pour leur dignité et avec cette prévoyance paternelle pour leur liberté que Dieu a voulu traiter les nations. Dans ce plan visible, réunies intellectuellement par la Vérité que leur distribue d'une même voix et d'une même langue le Verbe divin, comme du même ciel elles reçoivent l'air et la lumière, réunies en haut, elles demeurent libres de s'allier sans être obligées de se confondre ; elles restent distinctes pour s'évertuer dans le travail de la civilisation auquel doit concourir la diversité des génies, pour se secourir dans leurs besoins, pour se défendre contre leurs défaillances, pour rompre, par la diversité des mœurs et par l'obstacle des frontières, ces courants de mort que l'erreur et le despotisme font passer sur le genre humain.

Mais la superbe des diplomates ne s'arrête pas à considérer les dispositions de la Providence, ou ne daigne pas en tenir compte. Pour créer un royaume des Pays-Bas, la diplomatie de 1815 fit un trait de plume sur la carte : elle déclara que ce tracé serait garni de douaniers et de places fortes ; et voilà un territoire français par le sol, par l'histoire, par la langue et par la religion, adjugé à une nation d'aventure, la Hollande, nation protestante, avec un roi protestant bien résolu à faire disparaître la religion catholique du nouveau territoire qu'on lui ajoutait.

L'Espagne aussi figurait au congrès de Vienne. Lorsque partout, et jusque chez elle, tous les gouvernements étaient vaincus, l'Espagne, la première en Europe, avait résisté à l'Empereur, comme nation, et son énergie patriotique avait relevé les espérances du monde accablé. Elle avait fait connaître qu'il y a une autre force parmi les hommes que la force des régiments ; on avait vu combien un peuple est invincible dans le nid que Dieu lui a créé. L'Angleterre s'était hâtée d'offrir ses soldats et son argent à ces paysans espagnols si longtemps méprisés ; et de là Wellington et tant d'autres choses qui finirent à la bataille de Toulouse.

Malgré de si hauts titres à la reconnaissance de l'Europe, l'Espagne n'obtint rien, absolument rien des inspirés de la Sainte-Alliance. Ils la reléguèrent dans les puissances de second rang. Gibraltar demeura sous le pied anglais, et bientôt les Amériques purent se détacher par la sédition et la trahison révolutionnaires, sans que l'Europe y mît le moindre obstacle.

Jadis un saint évêque, reprochant au roi Catholique les iniquités et les rapines de son gouvernement dans les Indes, avait annoncé un temps où l'Espagne serait dépouillée et ruinée par les nations étrangères. Ce temps d'expiation était venu. L'ingratitude de l'Europe mettait le dernier sceau à la prophétie de Las Casas, dès longtemps en voie d'accomplissement. La justice de Dieu s'exécutait par l'injustice des hommes. Mais à quel mobile propre obéissaient les hommes injustes qui sacrifiaient ainsi leur alliée? Quel était le crime de l'Espagne devant les meneurs du Congrès? L'Espagne était une nation catholique, la nation catholique où le Protestantisme avait le moins d'accès. Voilà son crime.

L'Autriche même eut-elle lieu de se féliciter? Non. Son influence et son lustre diminuaient en Allemagne; sa part de la Pologne n'était qu'une part de complice dans un crime déjà pesant.

J'ai nommé la Pologne: par le traité de Vienne, sous le voile de quelques articles destinés à rester lettre morte, cette nation catholique fut définitivement effacée. L'annexion de la Belgique à la Hollande créait un royaume protestant de plus; par le partage de la Pologne entre la Russie, la Prusse et l'Autriche, il y avait une nation catholique de moins. Voit-on l'inspiration de la Sainte-Alliance!

Le Portugal resta sous la protection anglaise, qui devait l'amener à l'état de mort et de corruption où nous le voyons. L'Italie demeura amputée de Malte définitivement anglaise, de la Corse définitivement française, de Venise et du pays lombard définitivement autrichiens.

Ainsi tout l'avantage du traité de Vienne fut pour les nations protestantes, toute la perte pour les nations catholiques : le Protestantisme y consomma son triomphe de Waterloo.

On a considéré ce terrible jour de Waterloo sous tous les points de vue politiques, on a oublié le point de vue religieux. C'est une si petite chose! Cependant, n'est-il pas vrai de dire que, dans cette bataille, les nations protestantes vainquirent et humilièrent les nations catholiques? D'un côté se trouvait la France seule, la première, l'aînée des nations catholiques : la religion de l'armée qui périt à Waterloo était la religion catholique; le chef qui la commandait, bien qu'excommunié, n'était pas apostat; il était, il se disait enfant de l'Église catholique, apostolique, romaine; il l'avait tirée des prisons et de l'exil, et elle l'avait sacré; il est mort dans son sein, revêtu de ses miséricordes. De l'autre côté se trouvaient l'Angleterre et la Prusse, l'une l'épée du Protestantisme, l'autre son berceau, et, avec elles, les soudoyés protestants du Hanovre et de la Hollande. De cette dernière et sanglante scène Dieu écarte les catholiques; les mains qui accompliront son arrêt ne seront pas fratricides. Le fratricide sera commis plus tard, à Vienne, contre la Pologne, contre la Belgique, contre Malte, contre les peuples catholiques du Rhin; mais ce ne sera pas l'épée, ce sera la plume des diplomates qui fera cet office. Habituellement Dieu ménage l'honneur de l'épée; il est le Dieu des armées, il n'est pas le Dieu des chancelleries.

Et si jamais la main de Dieu fut signalée dans les affaires des hommes, ce fut bien en ce formidable dénoûment de l'une des plus sanglantes tragédies qui aient été jouées sur la terre. Presque jusqu'à la fin de la bataille, les chances furent ou incertaines ou favorables aux Français. Un moment les Anglais se crurent perdus, et la retraite sur Bruxelles allait être décidée, lorsque les Prussiens arrivèrent. Napoléon, les prenant pour une division française qu'il attendait, dégarnit la droite de son armée, et là fut le sort du combat. Par cette erreur du capitaine catholique les nations protestantes restèrent victorieuses.

Les Anglais ont tiré beaucoup de fruits de leur triomphe, ils s'en arrogent tout l'honneur. Ils ont dit et ils disent qu'à Waterloo la liberté a vaincu le despotisme, la vraie civilisation a vaincu la barbarie militaire, l'ordre légitime a vaincu la Révolution. On peut voir ce qu'il en est de tout cela, si la liberté est en progrès, si la force a moins d'empire, si la Révolution a perdu ou gagné du terrain sur la civilisation chrétienne!..

A Waterloo, pour la satisfaction de sa justice, trop longtemps irritée, et qui voulait punir et guérir, Dieu a permis que les peuples catholiques fussent vaincus et humiliés par les peuples protestants.

II

Le lendemain du traité, les nations protestantes se sont trouvées plus unies que jamais. Les nations catholiques, au contraire, séparées les unes des autres, séparées surtout de l'Église par l'esprit déchristianisé et dénationalisé de leurs hommes d'État, multiplièrent les périls de la fausse organisation que le Protestantisme vainqueur leur avait imposée.

La France et l'Espagne avaient entre elles les souvenirs de six années de la plus âpre guerre; la même inimitié régnait entre l'Autriche et la France; l'Italie reprochait à la France de l'avoir conquise et découronnée; le Portugal n'était plus une nation. Seule entre les peuples, humiliée, pleine de regrets et de malaise, livrée à une recrudescence d'impiété en haine de ses nouveaux maîtres, qui n'avaient pas la main si ferme, ni l'esprit si haut que le cœur, la France se refaisait une influence révolutionnaire, comme dédommagement de cette prépondérance des armes que les armes lui avaient ôtée. Ainsi, elle continuait de guerroyer contre Dieu, contre l'ordre et contre elle-même.

Secondant d'une autre manière encore la politique protestante, ces malheureuses nations catholiques irritaient les divisions dans leur propre sein en y laissant de plus en plus fermenter les idées révolutionnaires qui troublent, entraînent et renversent les gouvernements.

L'Angleterre attisait ce feu intérieur. En même temps, promettant ou retirant son alliance toujours incertaine, elle savait toujours réduire à des appuis ruineux les peuples de même culte et de même race morale qui, s'ils s'étaient soutenus les uns les autres et rattachés à l'Église, auraient trouvé dans cette concorde la grandeur et la paix. La France, rivée à l'alliance anglaise, n'essayait d'y échapper que pour gagner l'alliance de la Russie ; l'Autriche, rivée à l'alliance russe, ne relâchait ce licol que pour postuler l'alliance anglaise.

La politique intérieure de l'Autriche n'était pas plus catholique que ses alliances. Dure envers sa part de la Pologne, ombrageuse envers l'Italie, elle faisait peser sur ces nations sujettes une administration sans sagesse, parce qu'elle était sans entrailles ; elle abaissait de plus en plus l'Église sous le poids et la flétrissure du joséphisme, dont notre gallicanisme parlementaire n'est qu'une forme ébauchée ; elle vexait les peuples par les perfectionnements toujours plus raffinés de la police et de la bureaucratie; et pour racheter ces méfaits, elle se faisait libérale à Rome. Merveilleuse intelligence des gouvernements modernes! le lendemain de 1830, l'Autriche et la France, qui avaient chacune leurs prisons pleines de conspirateurs, et qui craignaient également la Révolution qu'elles combattaient et servaient toutes deux, s'entendirent pour présenter au gouvernement du Saint-Père ce *memorandum* si souvent allégué et si savamment exploité, par lequel on lui conseillait de faire chez lui des réformes et de se mettre au pas de l'esprit humain.

III

Cependant, telle est la puissance du Catholicisme, telle est sa divine fécondité que les nations qui le possèdent encore n'ont qu'à le laisser faire, disons mieux, n'ont qu'à le laisser vivre, même dans les conditions les plus défavorables, pour recevoir de lui un renouvellement de sagesse qui les attire quasi invinciblement sur le terrain de leurs plus nobles intérêts.

De 1815 à 1848, la division a persisté entre les nations catholiques, et la politique de chacune d'elles, tant à l'intérieur qu'à l'extérieur, a été insensée. Malaise, agitations, secousses, révolutions, diminution en tous sens, voilà le résumé de leur histoire dans cette longue période de près de quarante ans, jusqu'au moment où tout à coup elles se virent sur le bord de l'abîme.

Sans doute, au milieu de ces aventures, l'œuvre du congrès de Vienne avait subi elle-même à peu près autant d'infortunes qu'elle procurait de catastrophes. Le royaume des Pays-Bas n'avait pu vivre; la Pologne assassinée ne finissait pas de mourir, et son fantôme était une des épouvantes du monde. Mais les affaires des nations catholiques n'allaient pas mieux pour cela, et la prompte caducité du savant travail des diplomates de 1815 laissait en apparence au Protestantisme tous ses avantages. L'état de la France, de l'Autriche, de Naples semblait vraiment désespéré. En France, l'anarchie et la menace imminente du socialisme; en Autriche, la guerre civile et la guerre étrangère; à Naples, le libéralisme triomphant dans la capitale et la Sicile en révolte; en Espagne, plus de crédit, les progressistes au pinacle, les carlistes prêts à reprendre les armes. Ainsi les trente-cinq années de paix relative procurées à l'Europe par la sagesse de la diplomatie incrédule sous l'inspiration dominante du Protestantisme se trouvaient en définitive avoir été remplies par un travail de destruction universelle. Car si les nations catholiques devaient tomber les premières, la sape avait attaqué tout l'édifice européen.

Mais sous les avanies de la tribune et de la presse et sous les tracasseries de l'administration, pendant ces trente-cinq années, le Catholicisme avait vécu, et lui aussi il avait travaillé. Au milieu des ténèbres du moment, il apparut tout à coup et à tous les yeux comme l'élément constitutif de l'ordre, comme la lumière sur la route de salut. Si sa main persévéramment affaiblie n'était pas la seule force qui pût sauver le monde, le monde reconnut du moins que sans cette main il ne sauverait pas un bien qui se trouvait compromis avec tous les autres et plus que tous les autres, la liberté.

IV

Il y a dans l'humanité déchue un esprit destructeur de l'humanité, un caractère de Satan qui est la haine de Dieu et la haine de l'homme comme œuvre de Dieu ; et c'est là le trait distinctif de la Révolution. *La Révolution est satanique,* disait Joseph de Maistre. Toutes ses voies aboutissent à la destruction, elle y tend par toutes ses entreprises, et son entreprise la plus chère, parce qu'elle y reconnaît sa voie la plus prompte, est d'anéantir l'Église de Jésus-Christ, par laquelle seule l'homme peut vivre dans la justice et dans la liberté. De là son perpétuel effort contre le chef visible de cette Église, son perpétuel dessein de l'ôter de Rome pour l'ôter ensuite de la vie.

L'année 1848 fut un des moments déjà si nombreux dans l'histoire où la Révolution crut avoir enfin frappé le coup décisif. Elle se voyait à peu près délivrée du Pape. Le Pape avait dû abandonner Rome, fuyant devant ces libérateurs du genre humain qui commencent par la trahison leur œuvre d'affranchissement, et qui la terminent par l'assassinat. Il était à Gaëte, en exil, et la tempête victorieuse agitait le monde.

Mais à Gaëte le Pape n'était pas seul. Sous l'humble toit qu'il habitait, dans cette frappante image de la petite frêle barque de Pierre, les nations catholiques, représentées par leurs ambassadeurs, étaient venues, animées d'un mouvement filial, se serrer autour du Vicaire de Jésus-Christ. Et là, comme soudain réveillée de son sommeil plus que séculaire, l'intelligence politique des nations catholiques se retrouva. Elle comprit, elle entrevit tout au moins que cette nacelle livrée aux orages et emportée si loin dans la mer était pourtant le dernier abri de l'autorité, le dernier rempart de la civilisation, l'unique sol où le pied humain se pût poser avec sécurité.

L'Espagne, la première, éleva la voix et indiqua la résistance efficace au despotisme révolutionnaire, comme elle avait, la première, quarante années auparavant, donné l'exemple de la résistance efficace au despotisme militaire. Elle convoqua les nations à la défense du sol sacré, s'offrant pour combattre seule, s'il le fallait, afin de ramener le Père commun des Fidèles dans le sanctuaire de la grande patrie catholique.

Depuis longtemps, aucune proposition de la diplomatie n'avait si bien répondu aux vœux de la conscience universelle. Entre ces gouvernements des pays catholiques si longtemps divisés il n'y eut plus que l'émulation d'être le premier à tirer Pierre de son exil et à le ramener triomphant au siége de sa paternelle et divine souveraineté. La France obtint cet honneur. En permettant que la France devînt la libératrice du Pape, Dieu humiliait plus profondément les démagogues de Rome et les protestants de tous les pays que s'il avait élu pour cette mission n'importe quel autre peuple.

On peut contester aujourd'hui sur les prévisions cachées qui se trouvaient dès lors au fond des conseils du gouvernement; mais ce qui ne fait l'objet d'aucun doute, c'est l'assentiment empressé de la nation elle-même. La France ne demandait pas que le pouvoir du Pape fût restauré pour le diminuer plus tard; elle ne posait pas de conditions; elle n'eût pas imaginé que l'armée française dût entrer à Rome pour y être, après douze ans, le fourrier de Victor-Emmanuel et de Garibaldi, comme l'ont osé récemment proposer, en pleine assemblée, ceux qui furent alors vaincus avec Garibaldi.

V

Les bénédictions de Dieu descendirent sur la France. Dès qu'elle eut pris la résolution de rétablir le Pape chez lui, la France commença de redevenir maîtresse chez elle. Le 10 décembre 1848, elle élisait pour Président le candidat qui avait ajouté à son programme politique cette parole pleine de sens et de promesses : « La souveraineté temporelle du chef vénérable de l'Église est « essentiellement liée à l'éclat du catholicisme, comme à la li« berté et à l'indépendance de l'Italie. » Quelques mois plus tard, le même prince devenait le chef du parti de l'ordre en Europe, en disant ces simples mots, depuis longtemps inouïs dans une bouche souveraine : « Il est temps que les bons se rassurent et que les méchants tremblent. » L'ordre matériel faisait mieux que renaître, il était déjà le plus fort, et la France marchait à une prépondérance qui n'effrayait plus aucun intérêt légitime, mais qui, au contraire, les rassurait tous.

La France assiégeait Rome pendant le mois de juin. Elle y entra le 3 juillet. C'était, à quelques jours près, l'anniversaire de Waterloo, et ce jour-là le désastre des nations catholiques fut plus et mieux que vengé : l'œuvre essentielle du congrès de Vienne, l'œuvre protestante parut renversée.

Elle l'était, en effet, mieux que par toutes les ruptures de traités et tous les remaniements de territoire; elle était renversée par le triomphe d'une idée, l'idée catholique; et rien ne pouvait empêcher que cette idée, organisée à son tour, si on l'avait voulu, ne dominât le monde.

On vit s'ouvrir une trop courte période où les doctrines d'autorité furent en progrès pacifique partout. Dans les pays catholiques particulièrement la monarchie parut renaître. La monarchie, cette forme antique et quasi révélée de l'ordre politique ! Il suffit d'indiquer ce mouvement général de l'Europe et les événements qu'il suscita de 1849 à 1855, c'est-à-dire depuis la campagne de Rome jusqu'au moment où la présence et l'influence impertinentes du Piémont dans le congrès de Paris ramenèrent à l'horizon des orages plus terribles que ceux dont les révolutions de 1848 et 1849 l'avaient purgé.

La paix et l'amitié régnaient entre les nations qui s'étaient réunies à Gaëte, les prospérités pleuvaient sur chacune d'elles, et toutes étaient heureuses en leurs desseins. Les Deux-Siciles vivaient tranquilles, comblées de biens temporels sous un roi populaire et respecté. L'Autriche, pacifiée entièrement, se serrait dans la main de son jeune empereur : en rétablissant la liberté de l'Église, François-Joseph préparait à son empire une unité morale que ne réalisera jamais l'unification bureaucratique, et des conquêtes ou plutôt des additions territoriales que la guerre réalisera encore moins. L'Espagne goûtait une paix inespérée; une fille de l'Espagne régnait en France, et le choix qui l'avait élevée au trône, sans aucunement rappeler les combinaisons matrimoniales de l'ancienne politique, ne laissait pas de ménager entre les deux nations une alliance d'ailleurs conforme à leur génie et pleine d'avenir. La France enfin, qui avait pris la grande part dans l'action réparatrice, recevait aussi la grande récompense. Depuis le jour où par ses mains le Pape était rentré dans Rome, elle avait vu successivement l'anarchie disparaître, un gouvernement régulier s'élever, une dynastie s'établir, et avec elle la paix civile jeter des racines vigoureuses dans le sol si remué et devenu si désastreusement mobile. Le présent était beau, l'avenir souriait; de terribles épreuves avaient été franchies. Sédition, peste, famine, guerre, tout avait passé, et il ne restait de tout que l'espérance voisine de la sécurité et la gloire. Sans doute, en France comme ailleurs, bien des choses restaient à désirer, bien des choses étaient à craindre. Mais tous les vœux légitimes pouvaient se faire entendre et rien ne paralysait directement et décidément l'énergie qui voulait tendre au bien.

Les nations protestantes, celles qui avaient vaincu à Waterloo et fait prévaloir leurs volontés et leurs intérêts dans le congrès de Vienne, étaient loin de cette paix dans la gloire, plus loin de cette espérance dans la prospérité. L'Angleterre n'avait pas eu l'honneur de la guerre de Crimée, et elle voyait tout à coup fondre sur elle les angoisses de la guerre des Indes. La Russie était battue, humiliée, déchue du long prestige de la force; sa défaite la livrait à de nombreux embarras intérieurs; le redoutable czar Nicolas, poussé soudain dans la tombe, avait eu le temps d'y voir descendre avec lui tout l'ouvrage et tout l'effort de son règne dur et sanglant. La Prusse n'était plus en Allemagne que le type de l'ambition intrigante et irrésolue.

La seule paix des nations catholiques entre elles, et dans chacune d'elles le seul respect de la liberté de l'Église, constituait pour l'Europe protestante le plus grand peut-être de tous les dangers. Il n'est point de grand État hérétique qui ne tienne sous le joug un peuple ou un tronçon de peuple catholique. L'Angleterre a l'Irlande, pour ne nommer ici que cette victime; la Prusse a son duché de Posen et ses provinces du Rhin; la Russie a le plus lourd lambeau de la Pologne.

Or l'oppression et le mépris des populations catholiques avaient été possibles aussi longtemps que tous les gouvernements européens, ceux des pays catholiques comme les autres, s'étaient fait une règle d'opprimer et de mépriser l'Église, d'étouffer sa vie, de la dénoncer comme l'ennemie du genre humain, de la livrer eux-mêmes à la dérision et à la haine des peuples. Alors l'Anglais, le Prussien et le Russe pouvaient se permettre contre le raya catholique tout ce que le Turc s'était longtemps permis contre le raya chrétien; non contents de lier et de bâillonner le sacerdoce, ils pouvaient aspirer à l'éteindre entièrement, acheter à leur gré l'apostasie ou l'installer par la fraude et par la force. Ainsi avait fait la Russie, au mépris même des traités comme de la justice naturelle, sans aucune opposition des autres gouvernements, avec la complicité de toute la presse; elle pouvait continuer, et les autres, suivant leurs besoins et leurs aptitudes, pouvaient l'imiter jusqu'au jour où les populations catholiques seraient enfin assimilées ou annulées. Mais, en présence de quatre nations dans le sein desquelles l'Église, pure et savante, vivait libre et honorée, deux choses devenaient également impossibles : la première, de poursuivre et d'achever cette tâche barbare; la seconde, d'en faire oublier les excès anciens et récents. Désormais donc l'Angleterre, la Russie et la Prusse étaient condamnées envers leurs sujets catholiques à cette situation vengeresse, de ne pouvoir maintenir le système de compression sans exciter la révolte, ni le relâcher sans exciter le mépris. Ainsi, après moins d'un demi-siècle, ces protestants victorieux de 1815 se trouvaient pris dans leurs piéges si habilement tendus : par la seule force des choses, par sa crue naturelle et invincible, en dépit de tous les obstacles, sans leur avoir livré un combat, le Catholicisme qu'ils avaient industrieusement morcelé et cerné revivait, les dominait, les débordait partout.

Moins d'un demi-siècle après Waterloo, quelques années après la prise de Rome, la grande France catholique se voyait l'arbitre de l'Europe, et il n'existait pas dans le monde un peuple opprimé qui n'espérât d'elle la délivrance, et qui ne fût déjà de quelque manière son protégé.

VI

Nous avons négligé de prononcer le nom de deux nations ou plutôt de deux gouvernements catholiques, qui, en 1849, ne s'étaient pas associés aux vœux et aux efforts des autres pour délivrer le Pape. Le gouvernement belge se souvint trop qu'il est voué à la neutralité, et la nation, négligeant le plus saint usage qu'un peuple puisse faire de la liberté, ne sut point exiger sa place dans la croisade. Le gouvernement piémontais, déjà subjugué par la Révolution, protesta contre l'initiative espagnole, et invoqua le principe de non-intervention. Ce sacrilége encore timide fut signé par un roi catholique, contre-signé par un prêtre excommunié.

On dira que la Belgique n'en est pas moins prospère, et que le Piémont, s'il n'a pas encore prospéré, a du moins grandi. Je me contente d'observer que les prospérités de la Belgique ne sont point sans mélange. Qui voudrait garantir les destinées de la Belgique? Quant au Piémont, Dieu n'a pas dit son dernier mot; mais il n'a pas laissé de parler d'une voix assez menaçante. Les grandeurs du Piémont sont encore moins affermies que les prospérités de la Belgique.

Après avoir refusé de s'associer au dévouement des autres puissances catholiques pour le Pape, et refusé d'une manière qui n'avait rien de catholique ni rien de royal, Charles-Albert, battu, est allé se cacher pour mourir; son ministre, sifflé, a été trouvé mort dans un lit d'auberge; son petit État, qu'il avait vu riche, tranquille, très-honoré et qui pouvait attendre d'un avenir prochain des accroissements brillants et légitimes, est tombé soudain aux mains d'un prince inexpérimenté, qui l'a laissé choir dans celles de la Révolution. Je sais que le Piémont est devenu l'Italie. Cela est fait... sur le papier; mais le papier souffre des ratures! En attendant que l'Italie, qui n'est qu'un fait décrété, soit un fait accompli, la situation aujourd'hui certaine de l'État et de la dynastie de Charles-Albert se résume en deux mots: deux provinces de moins, et deux milliards de dette de plus.

Si la Belgique avait été moins indifférente aux plans de ceux qui se proposaient, dès 1848, d'exproprier le Pape, elle pourrait moins craindre aujourd'hui d'être elle-même incorporée.

Si le Piémont avait été simplement italien au lieu d'être révolutionnaire, s'il avait simplement voulu faire l'Italie et non défaire la Papauté, peut-être que le Piémont aurait grandi d'une manière plus pure et plus sûre.

VII

Mais si la Belgique et le Piémont, qui ont été indifférents ou contraires en 1848 au sort de la Papauté, peuvent dès à présent passer pour punis, que dirons-nous de l'état plus lamentable de la Papauté elle-même, et de quelques-unes des nations catholiques qui l'ont secourue? Nous voici bien loin, en effet, de la scène et des horizons de 1855. L'Italie brûle; quatre nationalités distinctes, Modène, Parme, Florence et Naples ont disparu dans l'incendie; Rome, plus importante que toutes les autres, Rome qui est la nationalité italienne elle-même, semble à la veille de disparaître aussi et ne subsiste plus matériellement que par une force qui de plus en plus se déclare fatiguée. Avec Rome disparaîtra l'Italie catholique pour faire place à une Italie révolutionnaire, protestante de fait, gouvernée par des mains brutales qui se donnent mission de supprimer le *chancre* de la Papauté. C'est le programme de Garibaldi.

L'Autriche, malgré la force et la fidélité de son armée qui glace encore d'effroi la valeur garibaldienne, subit une crise dont les meilleurs esprits doutent qu'elle se puisse tirer : la Révolution la presse au dehors, la déchire au dedans, la livre aux juifs, aux protestants, aux sectaires de tout genre. Contre tant d'ennemis, on ne lui voit que des conseils sans sagesse et des mains sans vigueur. Qu'arrivera-t-il de l'Autriche? Restera-t-il une Autriche en Italie, restera-t-il même une Autriche en Allemagne? Et si l'Autriche succombe, il n'y a plus d'Allemagne catholique, comme il n'y a plus d'Italie catholique, Rome une fois tombée.

En France aussi l'aspect est bien changé. Non que la France

ait subi jusqu'à présent aucune diminution de cette prospérité matérielle qui s'est si magnifiquement relevée après la campagne de Rome; non que sa force matérielle inspire moins de respect ou moins de crainte au reste de l'Europe ; non qu'elle ait matériellement tourné son bras puissant contre le Catholicisme, dont elle se proclame, au contraire, plus que jamais la protectrice dans le monde. Mais la France ne jouit plus de cette sécurité d'allégresse qui l'enivrait, lorsqu'au bruit des mêmes salves et des mêmes fanfares, elle recevait tous les ambassadeurs de l'Europe qui venaient signer la paix, et le légat du Pape qui venait baptiser le fils de l'Empereur. Ce bel horizon s'est chargé de tempêtes, les astres propices ne brillent plus, aucun vent ne s'élève qui n'épaississe encore les lourds nuages d'où tant de foudres sont déjà tombées. Que deviennent les espérances des peuples, de ceux qui souffrent la persécution et la mort, de ceux qui appelaient la liberté, de ceux qui comptaient conserver la paix? Le Liban aura vu passer l'épée de la France, et ne sera point délivré. La Pologne s'est relevée sur ses genoux, et montrant son linceul plein de sang, elle a cru que l'on verrait qu'elle est encore vivante. *Le Moniteur* lui a dit : Recouche-toi!

O Pologne! non, le ciel n'est pas trop haut pour entendre tes plaintes désespérées, et la France ne serait pas trop loin pour te secourir. Ce n'est pas le bras de la France qui est loin, ce n'est pas même son cœur; c'est sa politique. Et parce que tu t'es laissé séduire aux promesses de la politique révolutionnaire, tu apprendras par une prolongation de martyre que ce ne sont pas les chemins de fer qui rapprochent les peuples, ni les programmes de liberté qui les délivrent. Les peuples sont frères et s'assistent en frères, lorsqu'ils servent et adorent en commun leur père qui est aux cieux; et alors un homme qui marche pieds nus va et rassemble des armées, et apporte la délivrance. Recouche-toi, Pologne!

VIII

Mais c'est surtout à l'égard de l'Église que le changement survenu en France est considérable. L'on se souvient des vives acclamations de l'Épiscopat convoqué et présent au baptême du Prince Impérial : les paroles et les actes qui inspiraient cette manifestation solennelle n'avaient certes pas annoncé cette suite de menaces toujours plus âpres, lancées l'une sur l'autre pour imposer silence à la conscience tourmentée des évêques. Le Piémont dépouille l'Église sans perdre pour cela le patronage de la France; le chef de l'Église, dans sa détresse, est officiellement accusé en France d'entêtement et d'ingratitude; un prince tourne en dérision les douleurs de l'Église, et les *bravos* concédés à son élocution facile sont administrativement signalés à la France comme un succès de la dynastie. Et lorsque l'on voit accumuler ces choses étranges et effrayantes en même temps sous peine de procès, d'amende, de prison, de bannissement, il est enjoint aux évêques de ne rien craindre, et dans tous les cas de ne rien dire. Jamais, depuis un demi-siècle, la liberté d'écrire ne fut aussi restreinte, et jamais on ne vit paraître et circuler un si grand nombre de mauvais écrits. Des spéculateurs en librairie réimpriment Voltaire à l'usage du peuple, et des prêtres vénérables sont traduits en justice pour avoir colporté quelques pages de réfutation. Tous les jours cent valets de presse, insolemment dénués de décence et de culture, se lâchent sur l'Église, diffament ses dogmes, sa morale, ses institutions, ses ministres, ses œuvres, se donnent impunément carrière contre la foi de leurs concitoyens, traitent impunément de *vermine* les Petites Sœurs des Pauvres et les Sœurs de Charité, demandent cyniquement qu'on leur applique des lois de proscription; et cependant les journaux catholiques ne publient qu'au risque d'un avertissement les graves et nobles enseignements des évêques. Plus d'un côté la licence se déchaîne, plus de l'autre les freins sont serrés. Par une nouveauté peut-être inouïe dans l'histoire des journaux, il y a des écrivains sur qui pèse l'interdit, quoique aucune indiguité légale ne leur soit imputée. Leur indignité, c'est d'être catholiques; pour ce seul délit, ils se voient fermer la publicité commune. L'administration ne leur reconnaît pas « l'esprit de conciliation » qu'elle requiert des citoyens, — quand bon lui semble, — avant de les admettre au droit constitutionnel d'écrire tous les jours. On leur tolère encore la brochure et le livre; malheur au journal qui oserait les recevoir dans sa rédaction! Mais le citoyen qui traite de vermine les Sœurs de Charité, celui-là ne rencontre aucune entrave et n'expose son journal à aucune mésaventure, celui-là possède suffisamment l'esprit de conciliation.

La presse approuvée est à peine plus retenue dans la même voie ennemie. Pour elle aussi les catholiques sont maintenant des *cléricaux*, et cette appellation empruntée des journaux révolutionnaires belges devient l'un de ses arguments favoris. On comprend les volontaires en apparence indisciplinés du *Siècle*, de *l'Opinion nationale*, cherchant à relever, sous le nom de *parti clérical*, l'ancien et stupide épouvantail que les libéraux de 1828 appelaient le *parti prêtre*. Mais dans quelles vues les réguliers du *Constitutionnel*, de *la Patrie* et du *Pays* reçoivent-ils mission d'évoquer ce fantôme du parti clérical, et pourquoi le voit-on paraître jusque dans les *communiqués?* Car les plumes anonymes de l'État elles-mêmes font à la religion cette injure, qui est surtout une injure à l'histoire, à la vérité et à la langue, et plus encore une injure pour le gouvernement. Étymologiquement et historiquement, parti clérical signifie parti de la science et parti de la religion. Un clerc a toujours été un homme instruit; le clergé, puisqu'il s'agit ici du clergé catholique, a toujours été la première, la plus pure et la plus durable des forces sociales. Les chefs laïques du parti clérical ont été les David, les Constantin, les Théodose, les Charlemagne, les saint Louis ; ses écrivains, depuis les Pères de l'Église jusqu'aux Bonald, aux Joseph de Maistre et aux Donoso Cortès, peuvent soutenir la comparaison avec les écrivains des partis contraires ; et s'il fallait prononcer les noms cléricaux les plus insultés du moment, il nous semble que les Gerbet, les Parisis, les Pie, les Guibert, les Plantier, les Montalembert et d'autres encore ne représentent ni moins de talents, ni moins de probité, ni moins de patriotisme, ni ne jouissent de moins de considération que tout ce que l'on connaît ailleurs d'employés de plume et de parole, même en ne choisissant que dans les hauteurs... Quelle singulière manie de vouloir que le clergé soit un parti, et la foi catholique une opinion séditieuse ! et quelle naïveté à ces escouades illettrées de croire qu'elles vont déconsidérer ce qu'elles se flattent d'injurier ! Par le temps qui court, c'est grand'honte en effet de se trouver comme citoyen derrière toutes ces robes et toutes ces voix cléricales ! On ira chercher ailleurs de plus nobles exemples de courage civique et de zèle généreux pour les droits que l'on doit garder et les intérêts que l'on doit défendre !...

Mais le but que se proposent les inventeurs et les dénonciateurs du parti clérical commence à se dévoiler ; des sévices récents le découvrent avec trop d'évidence. La presse prétendue libre et la presse ouvertement serviable travaillent à faire des suspects, afin que plus tard, s'il y a lieu, toute rigueur se puisse exercer sans paraître faire des opprimés. Bientôt, quand nous réclamerons la liberté de la charité, on nous répondra comme *le National* de 1845 : La liberté à vous ! rien ne vous est dû que l'expulsion ! Mais les républicains, l'extrême libéralisme et l'Université poussaient seuls ce cri sauvage ; le gouvernement se laissait provoquer, la presse officielle avait la pudeur de se taire, et la presse religieuse ne portait pas le bâillon.

IX

Résumons-nous sur l'état général des nations catholiques qui, par leur concours au rétablissement du trône pontifical en 1849, avaient pris une si noble et si politique revanche des conséquences de la bataille de Waterloo, conséquences protestantes, désastreuses pour le Catholicisme, plus désastreuses pour ces nations elles-mêmes.

L'esprit qui les avait réunies à Gaëte a cessé de souffler entre elles, et sauf l'Espagne, heureuse interprète de cet esprit généreux et supérieur, toutes ont vu les bénédictions de 1849 se retirer d'elles plus ou moins. Naples est tombée, l'Autriche chancelle; la France, étonnée de l'irrésolution de sa conduite extérieure, se remplit intérieurement d'angoisses.

On dit à la France qu'elle est la protectrice de Rome, et elle se voit la patronne et l'auxiliaire du Piémont; on lui dit qu'elle est la gardienne des intérêts catholiques, et elle a tout lieu de se croire l'alliée dévouée de l'Angleterre, à moins qu'elle ne soit l'alliée dévouée de la Russie; on lui dit qu'elle veut et qu'elle impose la paix, et de quelque côté qu'elle tourne l'oreille elle n'entend que des bruits de guerre; on lui dit qu'elle est la seule nation qui combatte pour les idées, et elle sent qu'on la retire de la seule grande idée qu'elle ait représentée dans l'histoire, au moment où cette idée est la seule aussi qui soit franchement opprimée sur toute la surface de la terre; on lui dit qu'elle est tranquille, et on la fatigue du danger que lui font courir les « vieux partis. » Cherche-t-elle où sont ces fameux vieux partis, qui n'empêchent nullement le pouvoir de faire ce qu'il veut, qui ne jettent pas une contradiction de vingt voix dans le scrutin définitif des assemblées, qui ne produisent nulle part une émotion quelconque? On lui explique alors, de fort mauvaise grâce, qu'en effet elle est tranquille, contente, unanime, mais qu'il faut néanmoins serrer tous les freins, dompter toutes les résistances et ajourner l'éclosion de toutes les libertés à l'époque indéterminée de l'extinction de tous les vieux partis. En somme, la France ne se connaît pas une route, ne se prévoit pas un lendemain, n'est assurée ni de ses alliances ni de son industrie, ni de l'espace que ses institutions laissent à la liberté, ni de l'indépendance de son culte.

Quant aux autres peuples catholiques, l'Italie reste dans le feu, la Pologne dans le tombeau, la Belgique dans la peur, le Portugal dans la fange; plus malheureux, le Piémont reste le bras armé du sacrilége.

En esquissant ce tableau lamentable, je cherche à préciser les faits, je n'ai pas la prétention d'en révéler toutes les causes. L'histoire contemporaine n'est jamais bien connue des contemporains, et parmi les ressorts que la Providence emploie, il en est qui ne seront jamais visibles aux yeux mortels. Dieu seul a tout le secret de ses justices, connaît tout le trésor de ses clémences, mesure toute l'étendue de ses desseins. Il sait pourquoi il punit, comment il sauvera. La chute actuelle de Naples et le triomphe actuel du Piémont forment un de ces contrastes que l'obscur et imparfait sentiment de l'équité humaine peut malaisément accepter. Quoi! le jeune et pur François II et le trône catholique des Deux-Siciles écrasés dans Gaëte, sur cette pierre où dix années auparavant le vicaire de Jésus-Christ avait reposé sa tête proscrite! Oui, ainsi Dieu l'a permis; Dieu qui met quand il le veut la vie dans les tombeaux, qui abandonne à ceux qui le haïssent l'empire du monde, comme un présent de nul prix, dit Bossuet; Dieu qui abat et qui relève! Et rien ne prouve encore que le sanglant débris de Gaëte soit un tombeau, et que M. de Cavour saura installer quelque part, transformé en trône, l'escabeau qu'il a déménagé de Turin.

X

Mais sans essayer de pénétrer des mystères trop au-dessus de nos regards, et sans même aborder certains secrets plus accessibles que la prudence interdit de sonder, nous ne sommes pas cependant tout à fait privés de vue sur la cause profonde et sur le sens vrai des événements actuels. La lumière du passé les éclaire jusque dans l'avenir.

En présence de la désunion et du désarroi des nations catholiques, du péril dont quelques-unes sont enveloppées, de la mort dont quelques-unes semblent frappées, de l'embarras croissant qui gêne la plus puissante, de l'isolement qui menace la plus épargnée; en présence du chef de l'Église seul et prisonnier sur un calvaire de détresse peut-être incomparable depuis le jour où le monde apprit que l'évêque Remi venait de baptiser Clovis et le peuple franc, quelles nations voyons-nous debout, unies entre elles, ou du moins capables de cet accord violent que procurent une même haine et une même passion de détruire la chose également haïe?

Il y en a trois, la Russie, l'Angleterre et la Prusse; les trois nations qui en 1815, immédiatement victorieuses de la France, dictèrent les traités de Vienne contre la France et contre le Catholicisme.

Personne dans le public ne sait à fond ce qui s'est dit et ce qui a été déguisé dans les célèbres entrevues de Stuttgart, de Bade et de Varsovie; on ignore le mot décisif qui a été prononcé entre lord Palmerston et M. de Cavour. Mais le conseil et le triomphe de l'esprit anticatholique sont assez visibles, on le reconnaît assez dans le stoïcisme véritablement fanatique et implacable qui, malgré tant de liens, tant de droits, tant de pressants appels de l'honneur et même de l'intérêt, a laissé le roi de Naples périr, abandonne Pie IX, et condamne l'Autriche à bouillonner et à se dissoudre comme dans une cuve de fer entourée de brasiers.

Le rétablissement du trône pontifical, en 1849, a été une revanche des nations catholiques contre les nations protestantes victorieuses à Waterloo; mais quelle défaite nouvelle l'habileté protestante n'est-elle pas à la veille d'infliger aux nations catholiques en leur reprenant Rome par les mains du Piémont, qui n'a de mains que par le consentement de la France!

Et j'ose dire que la France, malgré ce consentement, si elle le donne — à cause de ce consentement même — sera encore la grande vaincue dans ce second Waterloo, plus désastreux que le premier; vaincue des mêmes ennemis, vaincue par suite des mêmes fautes.

XI

Après la campagne de Rome et la campagne de Crimée, la France n'avait en face d'elle que l'Angleterre, comme en 1815, à la rencontre suprême du mont Saint-Jean, mais dans quelles conditions incomparablement meilleures! La France était la force en qui l'ordre et la justice espéraient. Elle pouvait, comme nation victorieuse, choisir ses alliances parmi les gouvernements; elle avait, à titre de nation catholique, des protégés parmi tous les peuples. Elle en avait en Russie jusque dans les neiges les plus perdues, elle en avait aux deux extrémités de la Prusse, elle en avait en Angleterre; l'Italie tout entière était sous sa protection. A l'intérieur, personne alors ne parlait des vieux partis.

L'Angleterre, humiliée en Crimée, inquiétée dans l'Inde et partout, sentait ce contraste, contemplait cette gloire et cette paix, songeait à l'avenir.

Tout à coup, un vieux parti, qui n'avait jamais bien disparu, il est vrai, se réveilla et se manifesta. Il ne se manifesta pas par un article de journal philippiste ou bourbonnien ou catholique, ni par un mandement d'évêque, mais par une effroyable tentative de régicide; c'est dire le nom de ce parti. Les assassins venaient d'Angleterre. On n'accuse pas l'Angleterre de les avoir envoyés, mais enfin ils venaient de là, de l'île des Saints du Protestantisme, et l'île en renfermait d'autres. Un cri s'éleva : Il faut vider le repaire! Ce fut le cri de la France; même, un journal du vieux parti clérical le prononça le premier. Cependant l'Angleterre ne voulut pas vider le repaire. Naples et Rome, souillées de Bourbons, de cardinaux, de prêtres, c'étaient là les repaires, disait-elle, qu'il fallait vider, comme depuis longtemps elle en pressait la France et l'Europe. Mais pour le repaire de Londres, le repaire d'assassins, les lois de l'Angleterre et l'honneur anglais exigeaient qu'on le respectât. La France insistait; il y avait lutte d'écrits, de discours, de notes diplomatiques. Au fond, il s'agissait d'autre chose, et le monde ne l'ignorait pas. Il s'agissait de savoir à qui serait l'influence directrice dans les affaires générales de l'humanité, plus rassemblée matériellement qu'elle ne le fut jamais; il s'agissait de savoir si la civilisation du dix-neuvième siècle serait française ou anglaise; c'est-à-dire, avec l'esprit dont la France était en ce moment visiblement animée, si la civilisation serait catholique et monarchique, ou protestante et révolutionnaire.

Je crois que le poids et même le nombre des vœux n'étaient pas pour l'Angleterre, ni en France, où l'Angleterre a cependant son parti, ni dans le reste du monde, où je ne conteste pas que l'Angleterre a aussi ses protégés, d'une autre espèce que les protégés français. Il ne semblait donc pas que le succès pût manquer à la France; elle avait d'ailleurs tout le temps et tous les moyens de soutenir le combat.

Le Piémont parut alors sur la scène. Était-il appelé? Cela

serait difficile à comprendre. S'offrait-il de lui-même? L'impertinence ne lui manque pas, et toutefois cette impertinence semblerait forte. Est-ce qu'il sut persuader qu'il apportait un secours? Autre problème d'une explication laborieuse. L'histoire éclaircira ces mystères, lorsque tous les aveux seront faits et qu'elle aura en main tous les papiers. Ce qui est certain, c'est que le Piémont parut et que tout changea d'aspect. L'Angleterre fut soudain proclamée une alliée solide; soudain la France et l'Autriche apprirent avec un égal étonnement qu'elles étaient ennemies.

Et bientôt l'épouvante se répandit dans le monde catholique, parce que l'on vit que la royauté, c'est-à-dire l'indépendance du chef de l'Église, n'était plus en sûreté.

Je ne puis m'en défendre : ce Piémont, que l'on prend pour un ami et pour un renfort, me rappelle l'arrivée des Prussiens sur le champ de bataille de Waterloo, la droite de l'armée catholique dégarnie, et la bataille perdue.

XII

Je ne l'ignore pas et je ne le conteste pas, une défaite de ce genre n'offre rien dont se puisse alarmer le patriotisme ravalé et imprévoyant de nos contemporains. Pour un trop grand nombre d'entre eux, la patrie catholique n'existe plus, ou elle est abjurée; ils sont insensibles à ses malheurs, incapables de comprendre comment ces malheurs pourraient avoir des suites dures et funestes pour leurs mesquines prospérités. D'autres, aveuglés par la prévention anticatholique, sont plus portés à se réjouir qu'à s'affliger des avantages du Protestantisme. Point d'échec pour le drapeau, point de perte de territoire, et tout au contraire, en nous laissant l'honneur entier de nos récentes victoires, les événements s'acheminent à nous donner peut-être l'île de Sardaigne et les rives du Rhin. Avec cela l'indépendance « spirituelle » du Saint-Père assurée dans les domaines du roi d'Italie par les stipulations des diplomates et la parole d'honneur la plus sacrée du loyal et chrétien comte Cavour ! Combien d'esprits salueraient une telle défaite, dût le gain charger un peu la conscience, dussent l'Angleterre, la Prusse et la Russie y trouver leur compte, comme Garibaldi et nous !

Et néanmoins la bataille serait perdue; et néanmoins, même dans les conditions brillantes que je viens de poser, ce second Waterloo serait plus formidable que le premier. En décapitant l'Europe catholique, il atteindrait pleinement le résultat que les diplomates russes, anglais et prussiens de 1815, les diplomates protestants, avaient voulu préparer de loin, et que l'œuvre si généreuse et si politique de 1849 pouvait renverser à jamais.

Le premier Waterloo fut une catastrophe, le second serait un cataclysme.

Je ne veux pas essayer ici le tableau de cette destruction. Il n'y a plus rien à dire après tant de voix éloquentes qui se sont élevées depuis deux ans. La science sacrée, la science politique, la conscience, la raison ont parlé tour à tour. Ceux qui les ont entendues ont appris à aimer la justice et à croire que Dieu seul est puissant et éternel. Ceux qui leur ont fermé l'oreille entendront le tonnerre. Hélas ! ce qui fait l'angoisse de nos cœurs, à nous fils catholiques de la France, ce n'est pas la crainte que Dieu ne soit point vengé.

FIN.

Paris. — Typ. P.-A. Bourdier et Cie, rue Mazarine, 30.

www.ingramcontent.com/pod-product-compliance
Lightning Source LLC
LaVergne TN
LVHW020306230826
846091LV00006B/2548

* 9 7 8 2 0 1 2 9 4 2 3 2 5 *